Drūsilla in Subūrā

a Latin Novella
by Lance Piantaggini

Poētulus Publishing
magisterp.com

Index Capitulōrum
(et Cētera)

Praefātiō

Pīsō Ille Poētulus was the first Latin novella in what has become the collection known as the "Pisoverse." It was published in November of 2016, written with 108 unique words (excluding names, different forms of words, and meaning established within the text). Since then, new characters have been introduced in other novellas ranging from 20 to 104 unique words. Drusilla first appeared briefly in *Agrippīna: māter fortis*, but recently made her feature debut in the longest Pisoverse novella yet, *Drūsilla et convīvium magārum*, at over 3400 total words in length. Drusilla has her own story once again in this latest novella of nearly half the unique words (i.e. 38), and 2000 total words in length.

Although a low unique word count isn't everything, it's certainly most things when it comes to the beginning student reading Latin. Most available texts, however, are written with far too many words to be read with ease. *Drūsilla in Subūrā* is the latest novella to address this lack of understandable reading material with sheltered (i.e. limited) vocabulary available to beginning Latin students.

Like other recent novellas, *Drūsilla in Subūrā* was written with many "super clear cognates" generated from a shared document (search magisterp.com), which account for 11 of the 38 unique words! With the low unique word counts, and numerous cognates, the Pisoverse novellas now provide over 28,700 total words for the beginning Latin student to read! That's with a vocabulary of just 360 unique words across all texts!

The *Index Verbōrum* is rather comprehensive, with an English equivalent and example phrases from the text found under each vocabulary word. Meaning is established for every single word form in this novella.

Lauren Aczon's illustrations, as usual, provide significant comprehension support for the novice reading *Drūsilla*. See more of Lauren's artwork on Instagram @leaczon, and/or on her blog, (www.quickeningforce.blogspot.com).

Magister P[iantaggini]
Northampton, MA
June 29th, 2018

I
cōnsūmere animālia

Drūsilla

Drūsilla est Rōmāna.

Drūsilla Rōmae habitat.[1]

Drūsillae placet cōnsūmere animālia! Drūsillae placet cōnsūmere pānem quoque, sed Drūsilla māvult cōnsūmere[2] animālia.

pānis

---

[1] **Rōmae habitat** *lives in Rome*
[2] **māvult cōnsūmere** *prefers to eat*

hodiē, Drūsilla vult cōnsūmere animālia.

pāvōnēs sunt animālia optima ad cōnsūmendum.[3] Drūsillae placet cōnsūmere pāvōnēs!

---

[3] **optima ad cōnsūmendum** *the best for eating*

Drūsillae placet cōnsūmere pāvōnēs, sed Drūsilla iam cōnsūmpsit[4] pāvōnem diē Sāturnī.

diēs Sāturnī

hodiē

Drūsilla cōnsūmpsit pāvōnem diē Sāturnī quia erat convīvium[5] optimum diē Sāturnī.

convīvium erat domī Drūsillae. convīvium erat optimum, sed parvum. diē Sāturnī, nōn erant multī Rōmānī domī Drūsillae.

pāvō est animal optimum ad cōnsūmendum, sed hodiē, Drūsilla nōn vult cōnsūmere pāvōnem.

---

[4] **iam cōnsūmpsit** *has already eaten*
[5] **convīvium** *dinner party*

hodiē, Drūsilla vult cōnsūmere aprum.

Drūsillae placet cōnsūmere aprōs! Drūsillae placet cōnsūmere aprōs, sed aper nōn est domī. hodiē, est puls.[6]

Drūsillae nōn placet puls. puls nōn est optima ad cōnsūmendum...

---

[6] **puls** *inexpensive porridge made of farro (a kind of wheat)*

II
hodiē, nōn est aper!

Līvia

māter Drūsillae est Līvia.
Līvia et Drūsilla domī sunt.

Drūsilla:
"māter, aprum volō!
volō aprum cōnsūmere!"

Līvia:
"Drūsilla, Rōmānula,[1] nōn
cōnsūmimus aprum, hodiē.
hodiē, est puls."

---

[1] **Rōmānula** *little Roman*

Drūsilla:
"puls nōn placet![2] mālō
cōnsūmere animālia. mālō
aprum cōnsūmere!"

Līvia:
"Drūsilla! nōn est aper,
hodiē! erat convīvium diē
Sāturnī. diē Sāturnī,
cōnsūmpsimus pāvōnem! diē Sāturnī,
erant multa ad cōnsūmendum!"

Drūsilla:
"pāvō erat optimus,
sed hodiē volō aprum!"

---

[2] **nōn placet** *isn't pleasing (i.e. I don't like)*

12

Līvia:

"Drūsilla! aprī pretiōsī sunt![3] diē Sāturnī, erant multa ad cōnsūmendum, sed hodiē est puls."

Drūsilla nēscīvit aprōs esse[4] pretiōsōs!

Līvia:

"aprī et pāvōnēs sunt pretiōsī, et cōnsūmpsimus pāvōnem diē Sāturnī. pāvōne cōnsumptō,[5] sumus fortūnātae! hodiē est puls."

Drūsilla:
"sed māāāter...Terrex aprōs cōnsūmit!"

---

[3] **pretiōsī sunt** *are precious (i.e. expensive)*
[4] **nēscīvit aprōs esse** *didn't know wild boars were*
[5] **pāvōne cōnsūmptō** *since the peacock was eaten*

Terrex

Līvia:
"Drūsilla, Terrex est Rōmānus fortūnātus. Terrex est fortūnātior multīs Rōmānīs."[6]

Drūsilla:
"Terrex generōsus est!"

---

[6] **fortūnātior multīs Rōmānīs** *more fortunate than many Romans*

Līvia:

"generōsus?! Drūsilla, Terrex haud[7] generōsus est. Terrex est luxuriōsus ...et...et opulentus![8] Rōmānī optimī nōn sunt opulentī."

Drūsilla:

"luxuriōsus et opulentus?! sunt multa convīvia in domō Terregis. Terrex invītat multōs Rōmānōs domum suam. est generōsum![9]

Līvia:

"Drūsilla, est haud generōsum. est—"

---

[7] **haud** *hardly (i.e. not at all)*
[8] **opulentus** *opulent (i.e. quite wealthy, lavish, fancy)*
[9] **est generōsum** *it's a generous thing*

Drūsilla:

"—est generōsum! multī Rōmānī veniunt ad domum Terregis ut cōnsūmant[10] animālia. Terrex dat animālia pretiōsa Rōmānīs multīs. Terrex generōsus est! Terrex est RŌMĀĀĀĀNUS GENERŌSISSSSIMUS!"

Līvia:
"Drūsilla—"

Drūsilla mātrem suam īgnōrat.

subitō, Drūsilla domō discēdit!

---

[10] **ut cōnsūmant** *in order to eat*

III
pretiōsior pultī

multī Rōmānī habitant Rōmae. Rōmae, multī Rōmānī cōnsūmunt animālia. Drūsillae placet cōnsūmere animālia.

herī, Drūsilla voluit cōnsūmere aprum. Drūsilla aprum cōnsūmere voluit, sed aprī pretiōsī sunt. Drūsilla nēscīvit aprōs esse pretiōsōs!

herī, domī Drūsillae, nōn erat aper ad cōnsūmendum.

herī, erat puls. herī, puls erat ad cōnsūmendum. Drūsillae nōn placet puls.

Drūsilla:
"herī, puls erat ad cōnsūmendum. puls erat ad cōnsūmendum, sed puls nōn placet. mālō cōnsūmere aprum! aprī optimī sunt! volōōōō aprum!"

subitō, Līvia domum venit.

Drūsilla:
"māter, estne aper domī ad cōnsūmendum, hodiē?"

Līvia:
"hodiē, nōn est aper.
aper pretiōsus est.
hodiē, est pānis."

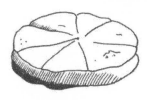

Drūsillae placet pānis,
sed māvult aprum.

Drūsilla:
"nōn est aper quia aper est pretiōsus.
estne pānis pretiōsus quoque?"

Līvia:
"pānis haud pretiōsus est."

Drūsilla:
"māāāāter, pānis placet,
sed mālō cōnsūmere aprum!
volōōōō aprum!

Līvia:

"Drūsilla! es fortūnāta!
pānis pretiōsus nōn est,
sed est pretiōsior pultī.[1] cōnsūmere
pānem est fortūnātum."

Drūsilla mātrem suam īgnōrat.

Drūsilla nēscīvit cōnsūmere pānem esse[2] fortūnātum. Drūsilla animālia cōnsūmere māvult. hodiē, Drūsilla māvult cōnsūmere aprum.

---

[1] **pretiōsior pultī** *more expensive than porridge*
[2] **nēscīvit cōnsūmere pānem esse** *didn't know eating bread was*

Drūsilla: ...aper nōn est domī. sitne aper Rōmae?[3] *sitne aper in domō Terregis?* Terrex est optimus Rōmānus fortūnātus. Terrex multōs aprōs cōnsūmit.

subitō, Sextus domum venit. Pīsō quoque venit...

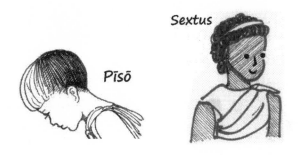

Sextus

Pīsō

---

[3] **sitne aper Rōmae?!** *Could there be a wild boar in Rome?!*

IV
ad Esquiliam!

Sextus et Pīsō ad domum Sextī et Drūsillae iam vēnērunt.[1]

Drūsilla:
"Sexte, sintne aprī Rōmae?"

Sextus:
"sunt aprī Rōmae."

Drūsilla:
"volō cōnsūmere aprum, sed hodiē est pānis."

---

[1] **iam vēnērunt** *just arrived*

Pīsō:
"hodiē, cōnsūmitis
pānem? pānis placet!"

Drūsilla Pīsōnem īgnōrat. Drūsilla īgnōrat Pīsōnem quia Drūsilla nōn māvult pānem.

Sextus:
"sunt aprī Rōmae, sed Rōmānī
fortūnātī cōnsūmunt aprōs.
nōn sumus fortūnātī."

Drūsilla:
"Terrex
fortūnātus est.
sitne aper in
domō Terregis,
in Esquiliā?"

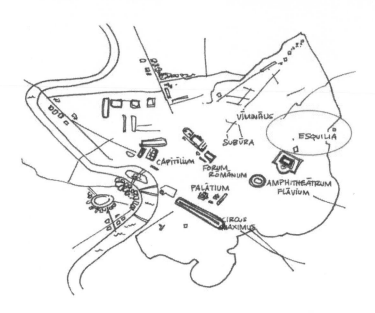

Sextus:
"fierī potest."[2]

Pīsō:
"domus Terregis
est in Esquiliā?!"

---

[2] **fierī potest** *it's possible*

Sextus:
"est."

Pīsō:
"Maecēnās in Esquiliā habitābat!
domus Vergiliī quoque erat in Esquiliā!"

Sextus:
"...et...?"

Pīsō:
"Maecēnās et Vergilius erant optimī!
discēdāmus ad Esquiliam!"[3]

Sextus Pīsōnem īgnōrat. Sextus īgnōrat
Pīsōnem quia Sextō nōn placent
Maecēnās et Vergilius.

---

[3] **discēdāmus ad Esquiliam!** *Let's depart (i.e. leave) for the Esquiline!*

Sextus:
"Drūsilla, fierī potest
ut aper sit[4] in domō
Terregis, sed..."

Drūsilla:
"...sed...?"

Sextus:
"...sed Terrex nōn placet. Terrex
absurdus est. Terrex est arrogāns."

Drūsilla Sextum īgnōrat.

Drūsilla īgnōrat Sextum, et invītat
Pīsōnem ad Esquiliam...

---

[4] **fierī potest ut aper sit** *it's possible that a wild boar is*

V
in Subūrā?!

Drūsilla invītāvit Pīsōnem ad Esquiliam quia Pīsōnī placet Esquilia.

Pīsōnī placet Esquilia quia Maecēnās habitābat in Esquiliā, et domus Vergiliī erat in Esquiliā. Pīsōnī quoque placet Esquilia quia thermae sunt in Esquiliā. Pīsōnī placent thermae.

thermae

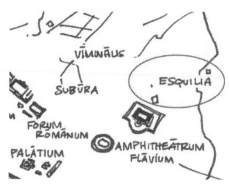 iam, Drūsilla et Pīsō veniunt ad Esquiliam.

Terrex et multī Rōmānī fortūnātī habitant in Esquiliā.

 *Drūsilla:*
"Terrex cōnsūmit aprōs et pāvōnēs. Terrex generōsus est. Terrex dat animālia multīs Rōmānīs. sitne Terrex[1] domī?"

Drūsilla et Pīsō nēscīvērunt Terregem nōn esse[2] domī.

---

[1] **sitne Terrex?** *Could Terrex be?*
[2] **nēscīvērunt Terregem nōn esse** *didn't know Terrex wasn't*

Pīsō:
"Terrex domī nōn est.
estne Terrex in thermīs?"

Drūsilla:
"in thermīs?!"

Pīsō:
"fierī potest ut Terrex sit[3]
in thermīs. thermae placent. herī,
Rūfus erat in thermīs, quoque."

Rūfus

Drūsilla Pīsōnem īgnōrat.

Pīsō:
"Drūsilla, Rūfus in thermīs
haud īgnōrandum est![4]

---

[3] **fierī potest ut Terrex sit** *it's possible that Terrex is*
[4] **haud īgnōrandum est** *hardly should be ignored*

Drūsilla:
"Pīsō, est absurdum!"

Pīsō:
"nōn est absurdum!"

Drūsilla:
"...sed Rūfō nōn placent thermae!"

Pīsō:
"Rūfō nōn placuērunt thermae, sed iam Rūfō placent thermae. sitne Terrex in thermīs?"

Drūsilla:
"Terrex in thermīs nōn est. Terrex māvult esse in thermīs suīs. Terrex fortūnātus est. sunt thermae optimae in domō Terregis."

30

Drūsilla aprum cōnsūmere vult. sunt animālia pretiōsa in domō Terregis, sed Terrex domī nōn est.

Pīsō:

"Terrex nōn est domī. volō discēdere."

Drūsilla:

"discēdāmus!"

Drūsilla et Pīsō discēdunt. Pīsō domum suam venit, et Drūsilla venit suam domum.

iam, Drūsilla est domī.

Drūsilla:

"Sexte, Terrex nōn erat domī. sintne aprī Rōmae?! volō aprum. VOLŌŌŌŌ APRUM!"

Sextus vult īgnōrāre Drūsillam. Sextus vult īgnōrāre Drūsillam, sed māter est domī.

Sextus:
"sunt aprī in...
in...Subūrā."

Drūsilla:
"in Subūrā?!"

Sextus:
"fierī potest."

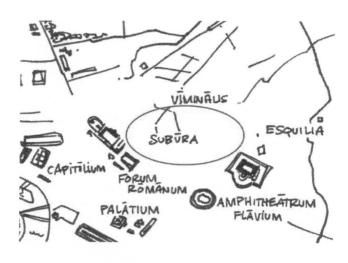

Drūsilla:
"estne Subūra optima?"

Sextus:
"nēsciō.
Iūlius Caesar habitābat in Subūrā.
fierī potest ut Subūra sit[5] optima."

Drūsilla et Sextus Rōmae habitant, sed nōn habitant in Subūrā.

Drūsilla domō discēdit. Drūsilla domō discēdit ut cōnsūmat aprum[6] in Subūrā.

---

[5] **fierī potest ut Subūra sit** *it's possible that the Subura is*
[6] **ut cōnsūmat aprum** *in order to eat a wild boar*

VI
īnsulae...Rōmae?!

Drūsilla ad Subūram venit. Drūsilla in Subūrā iam est. Drūsilla aprum cōnsūmere vult.

subitō, Rōmānus Subūrānus[1] venit ad Drūsillam.

---

[1] **Rōmānus Subūrānus** *a Suburan Roman (i.e. Roman living in the Subura)*

Drūsilla:
"es Subūrānus. suntne aprī
ad cōnsūmendum in
Subūrā?"

Subūrānus:
"aprī ad cōnsūmendum?! in Subūrā,
cōnsūmimus pultem. nōn cōnsūmimus
animālia. animālia pretiōsa sunt."

subitō, Subūrānula[2] venit.

Drūsilla:
"Subūrānula, cōnsūmisne animālia?
volō cōnsūmere aprum."

Subūrānula:
"aprī?! aprī pretiōsissimī sunt! nōn
cōnsūmō animālia. cōnsūmō pultem."

---

[2] **Subūrānula** *a little Roman girl*

Drūsilla nēscīvit aprōs nōn esse[3] in Subūrā.

Drūsilla:
"Subūrānī, cōnsūmitisne pānem? mālō cōnsūmere animālia, sed pānis placet. estne pānis domī?"[4]

Subūrānus:
"pānis est pretiōsus quoque. nōn cōnsūmimus pānem. in Subūrā, cōnsūmimus pultem."

---

[3] **nēscīvit aprōs nōn esse** *didn't know wild boars weren't*

[4] **estne pānis domī?** *Is there bread at your house?*

Subūrānula:

"...et nōn habitāmus in domō.
multī Subūrānī habitant in īnsulīs.[5]
habitāmus in īnsulā parvā."

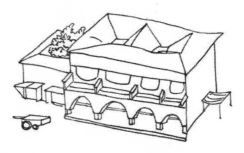

Drūsilla:
"habitātis in *īnsulā*?!
est īnsula parva...Rōmae?!"

Subūrānus:
"nōn *ĪNSULA*, Rōmānula,
sed īnsula.[6] multī Rōmānī
in Subūrā habitant in īnsulīs."

---

[5] **habitant in īnsulīs** *live in apartment buildings*
[6] **nōn *ĪNSULA*, sed īnsula** *not an ISLAND, but an apartment*

Drūsilla nēscīvit multōs Rōmānōs habitāre in īnsulīs.[7]

Drūsilla:
"placetne habitāre in īnsulā?"

Subūrānus:
"haud placet! habitāre in īnsulā nōn est fortūnātum. Rōmānī fortūnātī habitant in domīs, nōn īnsulīs."

Subūrānī invītant Drūsillam in īnsulam suam.

---

[7] **nēscīvit Rōmānōs habitāre in īnsulīs** *didn't know that Romans lived in apartment buildings*

Drūsilla in īnsulā iam est. īnsula Subūrānōrum nōn est optima. īnsula parva est. Subūrānī haud fortūnātī sunt!

Subūrānus:
"Rōmānula, vīsne cōnsūmere pultem?"

Subūrānī nōn sunt fortūnātī, sed Subūrānī volunt dare pultem suam Drūsillae. Subūrānī generōsī sunt!

haud placet habitāre in īnsulā, sed quoque haud placet cōnsūmere pultem! Drūsilla iam vult[8] cōnsūmere aprum...

---

[8] **iam vult** *still wants*

VII
Iūdaeī Rōmae

Drūsilla est in Subūrā quia vult cōnsūmere aprum. Drūsilla est in Subūrā, sed aprī—animālia luxuriōsa et opulenta ad cōnsūmendum—nōn sunt in Subūrā. aprī pretiōsī nōn sunt in īnsulīs Subūrānīs.

Drūsilla nēscīvit Subūrānōs habitāre in īnsulīs. Drūsilla est fortūnāta quia Drūsilla habitat in domō, nōn īnsulā. Drūsilla nēscīvit aprōs nōn esse in Subūrā.

subitō, Subūrānus venit ad Drūsillam.

Drūsilla:
"Subūrāne, volō aprum ad cōnsūmendum. sitne aper Rōmae?"

Subūrānus:
"nēsciō. nōn cōnsūmō aprōs."

Drūsilla:
"...et nōn cōnsūmis aprōs quia aprī sunt pretiōsī et luxuriōsī et opulentī?"

Subūrānus:
"nōn!
nōn cōnsūmō aprōs
quia sum Iūdaeus."

Drūsilla:
"nōn cōnsūmis aprōs,
et es...Iū—dae—us?"

Subūrānus:
"nēscīs Iūdaeōs?!
sum Iūdaeus. sum Iōsēph."

Drūsilla:
"Drūsilla sum."

Iōsēph:
"Drūsilla, multī Iūdaeī
habitant Rōmae, et Iūdaeī
nōn cōnsūmunt aprōs."

Drūsilla nēscīvit Iūdaeōs habitāre Rōmae.[1] Drūsilla quoque nēscīvit Iūdaeōs nōn cōnsūmere aprōs.[2]

---

[1] **nēscīvit Iūdaeōs habitāre Rōmae** *didn't know that Jewish people lived in Rome*
[2] **nēscīvit Iūdaeōs nōn cōnsūmere aprōs** *didn't know that Jewish people didn't eat wild boars*

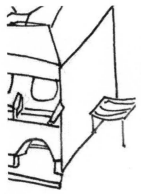

Iōsēph invītat Drūsillam in īnsulam suam. īnsula parva est. Iōsēph haud fortūnātus est!

Iōsēph:
"Rōmānula, vīsne cōnsūmere pultem?"

Subūrānī voluērunt dare pultem suam Drūsillae. iam, Iōsēph quoque vult dare pultem suam Drūsillae. Iōsēph generōsus est! multī Subūrānī generōsī sunt!

Iōsēph generōsus est, sed Drūsillae nōn placet puls. Drūsilla iam vult[3] cōnsūmere aprum.

---

[3] **iam vult** *still wants*

Drūsilla: ...nēscīvī multōs Rōmānōs cōnsūmere[4] pultem. est multum pultis in Subūrā, et Rōmae. fierī potest ut aprī nōn sint[5] Rōmae!

Drūsilla Rōmā discēdit ut cōnsūmat[6] aprum.

---

[4] **nēscīvī Rōmānōs cōnsūmere** *I didn't know that Romans ate*

[5] **fierī potest ut aprī nōn sint** *it's possible that wild boars aren't*

[6] **ut cōnsūmat** *in order to eat*

VIII
in lūdō gladiātōrum

Drūsilla voluit cōnsūmere aprum in Subūrā, sed Drūsilla nēscīvit Subūrānōs nōn cōnsūmere animālia. Subūrānī nōn cōnsūmunt animālia quia animālia sunt pretiōsa. Drūsilla quoque nēscīvit Iūdaeōs nōn cōnsūmere aprōs.

 nōn erant aprī Rōmae. Drūsilla Rōmā discessit quia voluit cōnsūmere aprum.

iam, Drūsilla Rōmae nōn est. Drūsilla venit ad lūdum gladiātōrum.

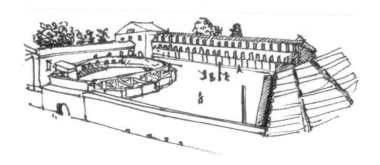

subitō, gladiātōrēs veniunt.

Drūsilla:
"gladiātōrēs! volō
cōnsūmere aprum.
estne aper in lūdō?"

gladiātor:
"aper nōn est in lūdō.
gladiātōrēs nōn
cōnsūmunt aprōs."

Drūsilla:
"cōnsūmitisne pāvōnēs?"

gladiātor:
"nōn cōnsūmimus pāvōnēs.
pāvōnēs et aprī pretiōsī sunt."

Drūsilla:
"sed...suntne gladiātōrēs fortūnātī?"

gladiātor:
"haud fortūnātī sunt gladiātōrēs!
fortūnātī nōn sumus."

Drūsilla nēscīvit gladiātōrēs nōn esse[1]
fortūnātōs.

---

[1] **nēscīvit gladiātōrēs nōn esse** *didn't that know
gladiators weren't*

Drūsilla:
"cōnsūmitisne...pānem?"

gladiātor:
"cōnsūmimus pultem."

Drūsilla nēscīvit gladiātōrēs cōnsūmere pultem quoque.

gladiātōrēs nōn invītant Drūsillam in lūdum suum, sed gladiātōrēs dant pultem suam Drūsillae.

Drūsillae nōn placet puls, sed gladiātōrēs sunt generōsī.

Drūsilla...iam pultem cōnsūmit!

Rōmānī pultem
cōnsūmunt.

Subūrānī pultem
cōnsūmunt.

Iūdaeī pultem
cōnsūmunt.

multī Rōmae[2] cōnsūmunt pultem!

---

[2] **multī Rōmae** *many people in Rome*

IX
Terrex arrogantissimus!

Drūsilla nēscīvit
Subūrānōs nōn
cōnsūmere
animālia pretiōsa.

Drūsilla nēscīvit multōs Rōmānōs
habitāre in īnsulīs, nōn domīs.

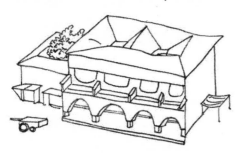

Drūsilla nēscīvit Iūdaeōs
nōn cōnsūmere aprōs...

...et Drūsilla quoque
nēscīvit gladiātōrēs nōn
esse fortūnātōs.

iam, Drūsilla venit Rōmam ad
cōnsūmendum, sed Drūsilla nōn vult
cōnsūmere aprum. Drūsilla iam nōn vult
cōnsūmere animālia pretiōsa.

Drūsilla fortūnāta est.

pānis erat domī hodiē, et Drūsillae placet pānis. pānis est pretiōsior pultī, sed multī Rōmānī cōnsūmunt pultem. est fortūnātum cōnsūmere pānem.

Drūsilla est fortūnāta quia pānis erat domī. Drūsilla est fortūnāta quia Drūsilla habitat in domō, nōn īnsulā.

gladiātōrēs dedērunt pultem suam Drūsillae. iam, Drūsilla est Rōmae. Drūsilla est in Esquiliā. Drūsilla est in Esquiliā, sed Drūsilla vult esse domī.

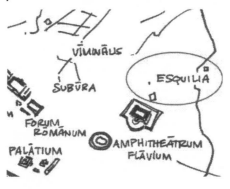

subitō, Rōmānus parvus domō discēdit, et venit ad Drūsillam.

est Terrex.

Terrex est parvus, sed fortūnātus. Terrex est fortūnātus quia Terrex habitat in domō, nōn īnsulā. domus haud parva est.

Terrex est fortūnātus quia nōn est puls in domō. Terrex est fortūnātus quia in domō est pānis.

Terrex est fortūnātus quia in domō sunt pāvōnēs multī.

Terrex est fortūnātus quia in domō sunt aprī et multa animālia ad cōnsūmendum!

Terrex:
"Rōmānula, vīsne cōnsūmere multa animālia? herī, erat convīvium. herī, invītāvī multōs Rōmānōs ad cōnsūmenda animālia pretiōsa!

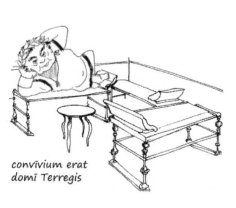

convīvium erat domī Terregis

...erat convīvium optimum, sed

54

nōn cōnsūmpsimus animālia. erant multa ad cōnsūmendum! vīsne cōnsūmere animālia pretiōsa, hodiē?"

Drūsilla:
"vol...vol...voluī cōnsūmere animālia, sed nēscīvī multōs Rōmānōs nōn esse fortūnātōs. multī Rōmānī nōn cōnsūmunt animālia quia animālia sunt pretiōsiora pānī.[1] multī Rōmānī nōn cōnsūmunt pānem quia pānis est pretiōsior pultī. gladiātōrēs, Iūdaeī, et Subūrānī cōnsūmunt pultem. hodiē, mālō cōnsūmere pānem quia fortūnāta sum."

---

[1] **pretiōsiora pānī** *more expensive than bread*

Terrex:
"pānis?! Rōmānula, sum
Terrex. nēscīsne
Terregem?! Rōmānus
fortūnātissimus sum!"

Terrex est arrogāns. Terrex absurdus
est!

Terrex:
"habitābam in Campāniā. iam habitō
Rōmae. domus haud parva est."

Terrex est absurdissimus
et arrogantissimus!

Terrex:
"multī Rōmānī veniunt ut cōnsūmant
animālia pretiōsa. nōn vīs cōnsūmere
animālia pretiōsa, Rōmānula?!"

Drūsillae iam nōn placet Terrex. Terrex est fortūnātus, sed arrogāns et absurdus.

herī, erant multa animālia pretiōsa in domō Terregis, sed Terrex nōn cōnsūmpsit animālia. est absurdum!

Drūsilla īgnōrāvit mātrem suam, sed Terrex est luxuriōsus.

Drūsilla īgnōrāvit Sextum, sed Terrex est opulentus.

Terrex nōn est generōsus. Terrex est arrogāns et absurdus et luxuriōsus et opulentus!

Drūsilla īgnōrat Terregem, et discēdit.

X
fortūnātae sumus

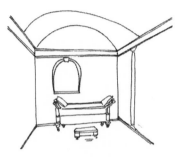

Drūsilla domum
suam venit.

Līvia:
"Drūsilla..."

Drūsilla:
"māter, nēscīvī multōs Rōmānōs nōn
cōnsūmere animālia pretiōsa. nēscīvī
multōs Rōmānōs habitāre in īnsulīs.
nēscīvī Iūdaeōs nōn cōnsūmere aprōs,
et quoque nēscīvī gladiātōrēs nōn esse
fortūnātōs!"

Drūsilla:

"nēscīvī Terregem nōn placēre![2] Terrex est Rōmānus absurdissimus et arrogantissimus! quoque nēscīvī Subūrānōs esse generōsissimōs. multī Rōmānī cōnsūmunt pultem. herī, voluī cōnsūmere aprum, sed hodiē, mālō cōnsūmere pultem quoque. sumus fortūnātae. sumus fortūnātae quia est multum pānis et multum pultis."

Līvia:

"optimē! sumus fortūnātae, Drūsilla, sumus fortūnātae."

---

[2] **nēscīvī Terregem nōn placēre** *I didn't know that Terrex wasn't pleasing (i.e. ...that I didn't like Terrex)*

Drūsilla:

"...et volō dare pānem
Subūrānīs. sit generōsum."[3]

Līvia:

"sit generōsum. sit generōsum,
sed quoque *ES* generōsa, Drūsilla!
Drūsilla, es Rōmāna generōsissima!"

---

[3] **sit generōsum** *it would be a generous thing*

Index Verbōrum

A

absurdissimus *very absurd*
    est absurdissimus *is very absurd*
  absurdum *absurd*
    est absurdum *it's absurd*
  absurdus *absurd*
    absurdus est *is absurd*
ad *in order to, for, towards*
    ad cōnsūmendum *for eating*
    venīre ad *to come to*
animal *animal*
    animal optimum *best animal*
  animālia *animals*
    cōnsūmere animālia *to eat animals*
    dat animālia *gives animals*
    erant multa animālia *there were many animals*
aper *wild boar*
    aper domī *a wild boar at home*
    nōn est aper *there isn't a wild boar*
    sitne aper Rōmae?! *Could there be a wild boar in Rome?*
  aprī *wild boars*
    aprī pretiōsī *expensive wild boars*
    aprī optimī *the best wild boars*
    sintne aprī? *Could there be wild boars?*
    aprī nōn sint *wild boars might not be*
    nōn erant aprī *there weren't wild boars*
  aprōs *wild boars*
    cōnsūmere aprōs *to eat wild boars*
    nēscīvit aprōs esse *didn't know that wild boars were*
  aprum *wild boar*
    cōnsūmere aprum *to eat a wild boar*
    aprum volō *I want a wild boar*
    māvult aprum *prefers wild boar*
arrogāns *arrogant*
    arrogāns est *is arrogant*
  arrogantissimus *very arrogant*
    est arrogantissimus *is very arrogant*

C

Campāniā *Campania, a wealthy Roman province in Italy*
    habitābam in Campāniā *I used to live in Campania*
cōnsūmant *so that (more than one) consume (i.e. eat)*
    ut cōnsūmant *in order (for more than one) to eat*
  cōnsūmat *in order to eat*
    ut cōnsūmat *in order to eat*
  cōnsūmendum *for eating*
    optima ad cōnsūmendum *best for eating*
  cōnsūmere *to eat*
    cōnsūmere animālia *to eat animals*
    cōnsūmere pānem *to eat bread*
    mālle cōnsūmere *to prefer to eat*
    velle cōnsūmere *to want to eat*
    cōnsūmere pāvōnēs *to eat peacocks*
    cōnsūmere aprōs *to eat wild boars*
    nēscīre Iūdaeōs nōn cōnsūmere aprōs *to not know Jewish people don't eat wild boars*
    nēscīvī Rōmānōs cōnsūmere *I didn't know Romans ate*
    nēscīvit Subūrānōs nōn cōnsūmere *didn't know Suburans didn't eat*
    nēscīvit gladiātōrēs cōnsūmere *didn't know gladiators ate*
    voluī cōnsūmere *I wanted to eat*
cōnsūmimus *we eat*
    nōn cōnsūmimus, hodiē *we aren't eating, today*
    cōnsūmimus pultem *we eat porridge*
    nōn cōnsūmimus pāvōnēs *we don't eat peacocks*
cōnsūmis *you eat*
    nōn cōnsūmis aprōs *you don't eat wild boars*
cōnsūmisne? *you eat?*
    cōnsūmisne animālia? *Do you eat animals?*
cōnsūmit *eats*
    aprōs cōnsūmit *eats wild boars*
    iam cōnsūmit pultem *now eats porridge*
cōnsūmitis *you all eat*
    cōnsūmitis pānem *you all eat bread*
cōnsūmitisne? *you all eat?*
    cōnsūmitisne pānem? *Do you all eat bread?*
    cōnsūmitisne pāvōnēs? *Do you all eat peacocks?*
cōnsūmō *I eat*

nōn cōnsūmō animālia *I don't eat animals*
cōnsūmō pultem *I eat porridge*
nōn cōnsūmō aprōs *I don't eat wild boars*
cōnsūmpsimus *we ate*
cōnsūmpsimus pāvōnem *we ate a peacock*
nōn cōnsūmpsimus animālia *we didn't eat the animals*
cōnsūmpsit *ate, has eaten*
iam cōnsūmpsit *has already eaten*
cōnsumptō *eaten*
pāvōne cōnsumptō *since the peacock was eaten*
cōnsūmunt *(more than one) eat*
cōnsūmunt animālia *eat animals*
cōnsūmunt aprōs *eat wild boars*
pultem cōnsūmunt *eat porridge*
convīvia *dinner parties*
multa convīvia *many dinner parties*
convīvium *dinner party*
erat convīvium *there was a dinner party*

D

dant *(more than one) give*
gladiātōrēs dant *gladiators give*
dare *to give*
volunt dare *want to give*
dare pultem *to give porridge*
dare Subūrānīs *to give to Suburans*
dat *gives*
dat animālia *gives animals*
dat Rōmānīs *gives to Romans*
dedērunt *(more than one) gave*
dedērunt pultem suam *gave their porridge*
diē *on the day*
diē Sāturnī *on the day of Saturn (i.e. on Saturday)*
discēdāmus *we might leave*
discēdāmus ad Esquiliam! *Let's depart for the Esquiline!*
discēdere *to leave*
volō discēdere *I want to leave*
discēdit *leaves*
domō discēdit *leaves the house*

Rōmā discēdit *leaves Rome*
discēdunt *(more than one) leave*
Drūsilla et Pīsō discēdunt *Drusilla and Piso leave*
discessit *left*
Rōmā discessit *left Rome*
domī *at home*
domīs *houses*
in domīs *in houses*
domō *house*
in domō Terregis *in Terrex's house*
domō discēdit *leaves the house*
domum *house*
invītat domum suam *invites to his own house*
domum venit *comes home*
domum Sextī et Drūsillae *the house of Sextus and Drusilla*
domum suam venit *arrives at her/his own house*
domus *house*
domus Terregis *Terrex's house*
domus Vergiliī *Virgil's house*
Drūsilla *Drusilla*
Drūsillae *Drusilla*
Drūsillae placet *Drusilla likes*
domī Drūsillae *at Drusilla's home*
māter Drūsillae *Drusilla's mother*
domum Sextī et Drūsillae *the house of Sextus and Drusilla*
dare Drūsillae *to give to Drusilla*
Drūsillam *Drusilla*
īgnōrāre Drūsillam *to ignore Drusilla*
venit ad Drūsillam *comes towards Drusilla*
invītāre Drūsillam *to invite Drusilla*

E

erant *(more than one) were, there were*
nōn erant multī *there weren't many*
erant optimī *were the best*
nōn erant aprī *there weren't wild boars*
erant multa animālia *there were many animals*
erat *was, there was*
erat convīvium *there was a dinner party*

es *you are*
    es fortūnāta *you're fortunate*
    es Subūrānus *you're a Suburan*
    es Iūdaeus *you're Jewish*
    es generōsa *you're generous*
esse *to be, being*
    nēscīvit aprōs esse *didn't know that wild boars were*
    nēscīvit cōnsūmere esse *didn't know that eating was*
    nēscīvērunt Terregem nōn esse *didn't know Terrex wasn't*
    māvult esse *prefers to be*
    nēscīvit gladiātōrēs nōn esse *didn't know gladiators weren't*
    nēscīvī Rōmānōs nōn esse *I didn't know Romans weren't*
est *is, it is*
    est Rōmāna *is a Roman*
    hodiē, est puls *today, there is porridge*
estne? *is?*
    estne aper? *Is there a wild boar*
Esquilia *The Esquiline, one of Rome's famous seven hills*
  Esquiliā *The Esquiline*
    in Esquiliā *on the Esquiline*
  Esquiliam *The Esquiline*
    ad Esquiliam *towards the Esquiline*
et *and*

F

fierī potest *it's possible*
    fierī potest ut *it's possible that*
fortūnāta *fortunate*
    es fortūnāta *you're fortunate*
    fortūnāta sum *I'm fortunate*
  fortūnātae *fortunate (more than one)*
    sumus fortūnātae *we're fortunate*
  fortūnātī *fortunate (more than one)*
    Rōmānī fortūnātī *fortunate Romans*
    haud fortūnātī *hardly fortunate*
    gladiātōrēs fortūnātī *fortunate gladiators*
  fortūnātior *more fortunate*
    fortūnātior multīs *more fortunate than many*
  fortūnātissimus *most fortunate*

fortūnātissimus Rōmānus *most fortunate Roman*
fortūnātōs *fortunate (more than one)*
esse fortūnātōs *to be fortunate*
fortūnātum *fortunate*
est fortūnātum *it's fortunate*
fortūnātus *fortunate*
Rōmānus fortūnātus *fortunate Roman*
optimus Rōmānus fortūnātus *the best, fortunate Roman*
haud fortūnātus *hardly fortunate*

G, H

<u>**generōsa**</u> *generous*
es generōsa *you're generous*
generōsī *generous (more than one)*
sunt generōsī *are generous*
generōsissima *very generous*
es generōsissima *you're very generous*
generōsissimus *very generous*
est generōsissimus *he's very generous*
generōsum *generous*
est generōsum! *It's a generous thing!*
sit generōsum *it would be a generous thing*
generōsus *generous*
generōsus est! *is generous!*
<u>**gladiātor**</u> *gladiator*
gladiātor *gladiator*
gladiātōrēs *gladiators*
gladiātōrēs veniunt *gladiators arrive*
nēscīre gladiātōrēs nōn esse *to not know gladiators aren't*
nēscīvit gladiātōrēs cōnsūmere *didn't know gladiators ate*
gladiātōrēs dant *gladiators give*
gladiātōrēs dedērunt *gladiators gave*
gladiātōrum *of the gladiators*
ad lūdum gladiātōrum *towards the gladiators' school*
<u>**habitābam**</u> *I used to live*
habitābam in Campāniā *I used to live in Campania*
habitābat *lived*
habitābat in Esquiliā *lived on the Esquiline*
habitāmus *we live*

nōn habitāmus in domō *we don't live in a house*
habitant *(more than one) live*
habitant Rōmae *live in Rome*
habitant in Esquiliā *live on the Esquiline*
nōn habitant in Subūrā *don't live in the Subura*
habitant in īnsulīs *live in apartment buildings*
habitāre *to live*
nēscīvit Rōmānōs habitāre in *didn't know Romans lived in*
placetne habitāre in? *Is it pleasing living in?*
nēscīre Iūdaeōs habitāre Rōmae *to not know Jewish people*
                                    live in Rome
habitātis *you all live*
habitātis in īnsulā?! *You both live on an island?!*
habitat *lives*
habitat Rōmae *lives in Rome*
habitat in domō *lives in a house*
habitō *I live*
iam habitō Rōmae *now I live in Rome*
haud *hardly (i.e. not at all)*
herī *yesterday*
hodiē *today*

I

iam *already, now, still*
īgnōrandum est *to be ignored*
haud īgnōrandum est *hardly should be ignored*
īgnōrāre *to ignore*
vult īgnōrāre *wants to ignore*
īgnōrat *ignores*
mātrem suam īgnōrat *ignores her mother*
Pīsōnem īgnōrat *ignores Piso*
Sextum īgnōrat *ignores Sextus*
īgnōrat Terregem *ignored Terrex*
in *in, into, on*
īnsula *apartment building, or an island*
īnsula parva *small apartment building*
īnsula Subūrānōrum *apartment building of the Suburans*
īnsulā *apartment building*
in īnsulā *in an apartment building*

īnsulam *apartment building*
    in īnsulam suam *into their own apartment building*
īnsulīs *apartment buildings*
    in īnsulīs *in apartment buildings*
invītant *(more than one) invite*
    invītant Drūsillam *invite Drusilla*
invītat *invites*
    invītat multōs Rōmānōs *invites many Romans*
    invītat domum suam *invites to his own house*
    invītat Pīsōnem ad Esquiliam *invites Piso to the Esquiline*
invītāvī *I invited*
    invītāvī multōs Rōmānōs *I invited many Romans*
invītāvit *invited*
    invītāvit Pīsōnem *invited Piso*
Iōsēph *Joseph, a Jewish inhabitant of the Subura*
    sum Iōsēph *I'm Joseph*
Iūdaeī *Jewish people*
    multī Iūdaeī *many Jewish people*
    Iūdaeī nōn cōnsūmunt aprōs *Jewish people don't eat wild boars*
  Iūdaeōs *Jewish people*
    nēscīs Iūdaeōs?! *You don't know Jewish people?!*
    nēscīvit Iūdaeōs habitāre Rōmae *didn't know Jewish people*
                             lived in Rome
    nēscīvit Iūdaeōs nōn cōnsūmere aprōs *didn't know Jewish*
                            people didn't eat wild boars
  Iūdaeus *a Jewish person*
    sum Iūdaeus *I'm Jewish*
Iūlius Caesar *Julius Caesar, the famous general, then dictator*

L

Līvia *Livia, Drusilla's mother*
lūdō *school*
    in lūdō *in the school*
  lūdum *school*
    ad lūdum gladiātōrum *towards the school of the gladiators*
    in lūdum suum *into their school*
luxuriōsa *luxurious (more than one)*
    animālia luxuriōsa *luxurious animals*
  luxuriōsī *luxurious (more than one)*

aprī luxuriōsī et opulentī *luxurious and opulent wild boars*
luxuriōsus *luxurious*
    luxuriōsus et opulentus *luxurious and opulent*

M, N

Maecēnās *Virgil's patron (i.e. supported him financially)*
    Maecēnās habitābat *Maecenas lived*
mālō *I prefer*
    mālō cōnsūmere *I prefer to eat*
māter *mother*
    māter Drūsillae *Drusilla's mother*
  mātrem *mother*
    mātrem suam īgnōrat *ignores her mother*
māvult *prefers*
    māvult cōnsūmere *prefers to eat*
    māvult aprum *prefers wild boar*
    māvult esse *prefers to be*
multa *many, much*
    multa convīvia *many dinner parties*
    multa ad cōnsūmendum *many things for eating*
  multī *many*
    multī Rōmānī *many Romans*
    multī Iūdaeī *many Jewish people*
    multī Rōmae *many people in Rome*
    pāvōnēs multī *many peacocks*
  multīs *many*
    multīs Rōmānīs *many Romans*
  multōs *many*
    invītat multōs Rōmānōs *invites many Romans*
    multōs aprōs *many wild boars*
  multum *much, a lot of*
    mutum pultis *a lot of porridge*
    multum pānis *a lot of bread*
nēsciō *I don't know*
  nēscīs *you don't know*
    nēscīs Iūdaeōs?! *You don't know Jewish people?!*
  nēscīsne? *You don't know?*
    nēscīsne Terregem?! *Do you not know Terrex?!*
  nēscīvērunt *(more than one) didn't know*

nēscīvērunt Terregem nōn esse *didn't know Terrex wasn't*
nēscīvī *I didn't know*
    nēscīvī Rōmānōs cōnsūmere *I didn't know Romans ate*
    nēscīvī Rōmānōs nōn esse *I didn't know Romans weren't*
    nēscīvī Rōmānōs habitāre in *I didn't know Romans lived in*
    nēscīvī Iūdaeōs nōn cōnsūmere aprōs *I didn't know Jewish people didn't eat wild boars*
    nēscīvī gladiātōrēs nōn esse *I didn't know gladiators weren't*
    nēscīvī Terregem nōn placēre *I didn't know Terrex wasn't pleasing (i.e. I didn't like Terrex)*
    nēscīvī Subūrānōs esse *I didn't know Suburans were*
nēscīvit *didn't know*
    nēscīvit aprōs esse *didn't know that wild boars were*
    nēscīvit cōnsūmere *esse didn't know that eating was*
    nēscīvit Rōmānōs habitāre in īnsulīs *didn't know Romans lived in apartment buildings*
    nēscīvit Subūrānōs nōn cōnsūmere *didn't know Suburans didn't eat*
    nēscīvit Iūdaeōs nōn cōnsūmere aprōs *didn't know Jewish people didn't eat wild boars*
    nēscīvit gladiātōrēs nōn esse *didn't know gladiators weren't*
    nēscīvit gladiātōrēs cōnsūmere *didn't know gladiators ate*
nōn *not, doesn't*

O

optima *best (more than one)*
    animālia optima *best animals*
    optima ad cōnsūmendum *best for eating*
optima *best*
    puls optima ad cōnsūmendum *best porridge for eating*
    estne Subūra optima? *Is the Subura the best?*
optimae *best (more than one)*
    thermae optimae *the best baths*
optimī *best (more than one)*
    Rōmānī optimī *the best Romans*
    aprī optimī *the best wild boars*
optimum *best*
    convīvium optimum *best dinner party*
    animal optimum *best animal*

optimus *best*
  erat optimus *was the best*
  optimus Rōmānus fortūnātus *the best, fortunate Roman*
opulenta *opulent (i.e. quite wealthy, lavish) (more than one)*
  animālia luxuriōsa et opulenta *luxurious and opulent animals*
  opulentī *opulent (more than one)*
  aprī luxuriōsī et opulentī *luxurious and opulent wild boars*
  opulentus *opulent*
  luxuriōsus et opulentus *luxurious and opulent*

P

pānem *bread*
  cōnsūmere pānem *to eat bread*
  pānī *bread*
  pretiōsiora pānī *more expensive than bread*
  pānis *bread*
  est pānis *there is bread*
  pānis placet *bread is pleasing (i.e. I like bread)*
  estne pānis domī? *Is there bread at your house?*
  multum pānis *a lot of bread*
parva *small*
  īnsula parva *small apartment building*
  domus parva *small house*
  parvā *small*
  in īnsulā parvā *in a small apartment building*
  parvum *small*
  convīvium parvum *small dinner party*
  parvus *small*
  Rōmānus parvus *small Roman*
pāvō *peacock*
  pāvō est *a peacock is*
  pāvōne *peacock*
  pāvōne cōnsumptō *since the peacock was eaten*
  pāvōnem *peacock*
  cōnsūmpsit pāvōnem *has eaten a peacock*
  pāvōnēs *peacocks*
  cōnsūmere pāvōnēs *to eat peacocks*
  pāvōnēs pretiōsī *expensive peacocks*
  cōnsūmitisne pāvōnēs? *Do you all eat peacocks?*

Pīsō *Piso, Drusilla's neighbor and friend*
  Pīsō quoque venit *Piso also arrives*
  Pīsōnem *Piso*
    Pīsōnem īgnōrat *ignores Piso*
    invītāre Pīsōnem ad Esquiliam *to invite Piso to the Esquiline*
  Pīsōnī *Piso*
    Pīsōnī placet *Piso likes*
placent *are pleasing (i.e. likes more than one thing)*
    Pīsōnī placent *Piso likes*
    Sextō nōn placent *Sextus doesn't like*
  placēre *to be pleasing (i.e. likes)*
    nēscīvī Terregem nōn placēre *I didn't know Terrex wasn't*
                    pleasing (i.e. I didn't like Terrex)
  placet *is pleasing (i.e. likes)*
    Drūsillae placet *Drusilla likes*
    placet cōnsūmere *likes to eat*
    nōn placet *isn't pleasing (i.e. I don't like)*
    pānis placet *bread is pleasing (i.e. I like bread)*
    Rūfō nōn placent *Rufus doesn't like*
    placetne habitāre in? *Is it pleasing living in?*
    haud placet *it's hardly pleasing*
  placuērunt *(more than one) were pleasing (i.e. liked them)*
    nōn placuērunt *didn't like*
pretiōsa *precious (i.e. expensive) (more than one)*
    animālia pretiōsa *expensive animals*
  pretiōsī *expensive (more than one)*
    aprī pretiōsī *expensive wild boars*
    pāvōnēs pretiōsī *expensive peacocks*
  pretiōsior *more expensive*
    pretiōsior pultī *more expensive than porridge*
  pretiōsiora *more expensive (more than one)*
    pretiōsiora pānī *more expensive than bread*
  pretiōsissimī *very expensive (more than one)*
    pretiōsissimī sunt *are very expensive*
  pretiōsōs *expensive (more than one)*
    aprōs pretiōsōs *expensive wild boars*
  pretiōsus *expensive*
    aper pretiōsus *expensive wild boar*
    pānis pretiōsus *expensive bread*
    haud pretiōsus *hardly expensive*
puls *inexpensive porridge made of farro (a kind of wheat)*

hodiē, est puls *today, there is porridge*
nōn placet puls *doesn't like porridge*
pultem *porridge*
cōnsūmere pultem *to eat porridge*
dare pultem suam *to give their porridge*
pultī *porridge*
pretiōsior pultī *more expensive than porridge*
pultis *porridge*
multum pultis *a lot of porridge*

Q, R

quia *because*
quoque *also*
Rōmā *away from Rome*
Rōmā discēdere *to leave Rome*
Rōmae *in Rome*
Rōmae habitāre *to live in Rome*
Rōmam *to Rome*
venit Rōmam *arrives at Rome*
Rōmāna *Roman*
est Rōmāna *is a Roman*
Rōmānī *Romans, Roman*
multī Rōmānī *many Romans*
Rōmānī optimī *the best Romans*
Rōmānī fortūnātī *fortunate Romans*
Rōmānīs *Romans*
fortūnātior Rōmānīs *more fortunate than Romans*
dat Rōmānīs *gives to Romans*
Rōmānōs *Romans*
invītāre multōs Rōmānōs *to invite many Romans*
nēscīre Rōmānōs habitāre in *to not know Romans live in*
nēscīvī Rōmānōs cōnsūmere *I didn't know Romans ate*
nēscīvī Rōmānōs nōn esse *I didn't know Romans weren't*
Rōmānula *little Roman*
Drūsilla, Rōmānula *Drusilla, little Roman*
Rōmānus *Roman*
Rōmānus fortūnātus *fortunate Roman*
optimus Rōmānus fortūnātus *the best, fortunate Roman*
Rōmānus parvus *small Roman*

Rūfō *Drusilla's neighbor and friend, also Piso's brother*
    Rūfō nōn placent *Rufus doesn't like*
  Rūfus *Rufus*
    Rūfus erat in thermīs *Rufus was in the baths*

S

sed *but*
Sexte *Sextus, Drūsilla's brother*
    "Sexte,..." *"O, Sextus,..."*
  Sextī *Sextus*
    domum Sextī et Drūsillae *the house of Sextus and Drusilla*
  Sextō *Sextus*
    Sextō nōn placent *Sextus doesn't like*
  Sextum *Sextus*
    Sextum īgnōrāre *to ignore Sextus*
sint *could be (more than one)*
    aprī nōn sint *wild boars might not be*
  sintne? *could there be? (more than one)*
    sintne aprī? *Could there be wild boars?*
  sit *could be*
    sit generōsum *it would be a generous thing*
  sitne? *could there be?*
    sitne aper?! *Could there be a wild boar?!*
    sitne Terrex? *Could Terrex be?*
suam *own*
    invītat domum suam *invites to his own house*
    mātrem suam īgnōrat *ignores her mother*
    domum suam venit *arrives at her/his own house*
    in īnsulam suam *into their own apartment building*
    dare pultem suam *to give their porridge*
  suīs *own (more than one)*
    in thermīs suīs *in his own baths*
  suum *own*
    in lūdum suum *into their school*
subitō *suddenly*
Subūra *crowded, lower-class area of Rome*
  Subūrā *the Subura*
    in Subūrā *in the Subura*
  Subūram *the Subura*

venit ad Subūram *arrives at the Subura*
Subūrāne *an inhabitant of the Subura*
  "Subūrāne..." *"O, Suburan..."*
 Subūrānī *Suburans*
  "Subūrānī..." *"O, Suburans..."*
  Subūrānī generōsī *generous Suburans*
 Subūrānīs *Suburan (more than one), or Suburans*
  in īnsulīs Subūrānīs *in Suburan apartment buildings*
  dare Subūrānīs *to give to Suburans*
 Subūrānōrum *of the Suburans*
  īnsula Subūrānōrum *apartment building of the Suburans*
 Subūrānōs *Suburans*
  nēscīvit Subūrānōs nōn cōnsūmere *didn't know Suburans*
                                          didn't eat
  nēscīvī Subūrānōs esse *I didn't know Suburans were*
 Subūrānula *little Suburan*
 Subūrānus *Suburan*
  Rōmānus Subūrānus *a Roman from the Subura*
  es Subūrānus *you're a Suburan*
sum *I am*
  nōn sum *I'm not*
  sum Iūdaeus *I'm Jewish*
  sum Iōsēph *I'm Joseph*
  Drūsilla sum *I'm Drusilla*
  fortūnāta sum *I'm fortunate*
  sum Terrex *I'm Terrex*
 sumus *we are*
  sumus fortūnātae *we're fortunate*
  nōn sumus fortūnātī *we're not fortunate*
sunt *(more than one) are, there are*
  pāvōnēs sunt *peacocks are*
  sunt domī *are home*
 suntne? *are there?*
  suntne aprī? *Are there wild boars?*

T

Terregem (ter + rex *"thrice a king"*) *a wealthy Roman*
  nēscīvērunt Terregem nōn esse *didn't know Terrex wasn't*
  nēscīsne Terregem?! *Do you not know Terrex?!*

īgnōrat Terregem *ignored Terrex*
nēscīvī Terregem nōn placēre *I didn't know Terrex wasn't pleasing (i.e. I didn't like Terrex)*
Terregis Terrex
in domō Terregis *in Terrex's house*
ad domum Terregis *to Terrex's house*
domus Terregis *Terrex's house*
Terrex *Terrex*
Terrex aprōs cōnsūmit *Terrex eats wild boars*
Terrex nōn placet *Terrex isn't pleasing (i.e. I don't like Terrex)*
thermae *the Roman baths*
thermae sunt in Esquiliā *the baths are on the Esquiline*
thermae placent *baths are pleasing*
thermīs *baths*
in thermīs *in the baths*
in thermīs suīs *in his own baths*

U, V

ut *in order to*
vēnērunt *(more than one) arrived*
iam domum vēnērunt *just arrived home*
venit *comes, arrives*
domum venit *comes home*
domum suam venit *arrives at her/his own house*
venit ad *arrives at*
venit Rōmam *arrives at Rome*
veniunt *(more than one) come*
veniunt ad *come to*
gladiātōrēs veniunt *gladiators arrive*
Vergiliī *of Virgil, the great poet who wrote The Aeneid*
domus Vergiliī *Virgil's house*
Vergilius *Virgil*
Maecēnās et Vergilius *Maecenas and Virgil*
vīsne? *you want?*
vīsne cōnsūmere? *Do you want to eat?*
volō *I want*
volō esse *I want to be*
aprum volō *I want a wild boar*
volō cōnsūmere *I want to eat*

volō discēdere *I want to leave*
volō dare *I want to give*
voluērunt *(more than one) wanted*
voluērunt dare *wanted to give*
voluī *I wanted*
voluī cōnsūmere *I wanted to eat*
voluit *wanted*
voluit cōnsūmere *wanted to eat*
volunt *(more than one) want*
cōnsūmere volunt *want to eat*
volunt dare *want to give*
vult *wants*
vult cōnsūmere *wants to eat*
vult īgnōrāre *wants to ignore*
iam vult *still wants*
vult dare *wants to give*
vult esse *wants to be*

Pisoverse Novellas & Resources

Magister P's Pop-Up Grammar

Pop-Up Grammar occurs when a student—not teacher—asks about a particular language feature, and the teacher offers a very brief explanation in order to continue communicating (i.e. interpreting, negotiating, and expressing meaning during reading or interacting).

MAGISTER P's
POP-UP GRAMMAR
A "QUICK" REFERENCE

Satisfying one's curiosity
about common features of Latin
in a comprehensible way

BY LANCE PIANTAGGINI

Teachers can use this resource to provide such explanations, or students can keep this resource handy for reference when the teacher is unavailable. Characters and details from the Pisoverse novellas are used as examples of the most common of common Latin grammar.

Level AA
Early Beginner

RŪFUS LUTULENTUS

A LATIN NOVELLA
BY LANCE PIANTAGGINI

Rūfus lutulentus
(20 words)

Was there a time when you or your younger siblings went through some kind of gross phase? Rufus is a Roman boy who likes to be muddy. He wants to be covered in mud everywhere in Rome, but quickly learns from Romans who bathe daily that it's not OK to do so in public. Can Rufus find a way to be muddy?

Rūfus et Lūcia: līberī lutulentī
(25-70 words)

Lucia, of Arianne Belzer's Lūcia: puella mala, joins Rufus in this collection of 18 additional stories. This muddy duo has fun in the second of each chapter expansion. Use to provide more exposure to words from the novella, or as a Free Voluntary Reading (FVR) option for all students, independent from Rūfus lutulentus.

RŪFUS ET LŪCIA:
LĪBERĪ LUTULENTĪ

18 ADDITIONAL STORIES BASED ON
RŪFUS LUTULENTUS
BY LANCE PIANTAGGINI

Quīntus et nox horrifica
(26 cognates, 26 other words)

Monsters and ghosts...could they be real?! Is YOUR house haunted? Have YOU ever seen a ghost? Quintus is home alone when things start to go bump in the night in this scary novella. It works well with any Roman House unit, and would be a quick read for anyone interested in Pliny's ghost story.

Syra sōla
(29 words)

Syra likes being alone, but there are too many people everywhere in Rome! Taking her friend's advice, Syra travels to the famous coastal towns of Pompeii and Herculaneum in search of solitude. Can she find it?

Syra et animālia
(35-85 words)

In this collection of 20 additional stories, Syra encounters animals around Rome. Use to provide more exposure to words from the novella, or as a Free Voluntary Reading (FVR) option for all students, independent from Syra sōla.

Poenica purpurāria
(16 cognates, 19 other words)

Poenica is an immigrant from Tyre, the Phoenician city known for its purple. She's an extraordinary purple-dyer who wants to become a tightrope walker! In this tale, her shop is visited by different Romans looking to get togas purpled, as well as an honored Vestal in need of a new trim on her sacred veil. Some requests are realistic—others ridiculous. Is life all work and no play? Can Poenica find the time to tightrope walk?

Pīsō perturbātus

Pīsō perturbātus
(36 words)

Piso minds his Ps and Qs..(and Cs...and Ns and Os) in this alliterative tongue-twisting tale touching upon the Roman concepts of ōtium and negōtium. Before Piso becomes a little poet, early signs of an old curmudgeon can be seen.

DRŪSILLA
IN SUBŪRĀ

Drūsilla in Subūrā
(38 words)

Drusilla is a Roman girl who loves to eat, but doesn't know how precious her favorite foods are. In this tale featuring all kinds of Romans living within, and beyond their means, will Drusilla discover how fortunate she is?

RŪFUS ET
ARMA ĀTRA

Rūfus et arma ātra
(40 words)

Rufus is a Roman boy who excitedly awaits an upcoming fight featuring the best gladiator, Crixaflamma. After a victorious gladiatorial combat in the Flavian Amphitheater (i.e. Colosseum), Crixaflamma's weapons suddenly go missing! Can Rufus help find the missing weapons?

Rūfus et gladiātōrēs
(49-104 words)

This collection of 28 stories adds details to characters and events from Rūfus et arma ātra, as well as additional, new cultural information about Rome, and gladiators. Use to provide more exposure to words from the novella, or as a Free Voluntary Reading (FVR) option for all students, independent from Rūfus et arma ātra.

Level A
Beginner

trēs amīcī et mōnstrum saevum
(28 cognates + 59 other words)

What became of the quest that Quintus' mother entrusted to Sextus and Syra in Drūsilla et convīvium magārum? Quintus finds himself alone in a dark wood (or so he thinks). Divine intervention is needed to keep Quintus safe, but can the gods overcome an ancient evil spurred on by Juno's wrath? How can Quintus' friends help?

sitne amor?
(36 cognates, 53 other words)

Piso and Syra are friends, but is it more than that? Sextus and his non-binary friend, Valens, help Piso understand his new feelings, how to express them, and how NOT to express them! This is a story of desire, and discovery. Could it be love?

Agrippīna: māter fortis
(65 words)

Agrippīna is the mother of Rūfus and Pīsō. She wears dresses and prepares dinner like other Roman mothers, but she has a secret—she is strong, likes wearing armor, and can fight just like her husband! Can she keep this secret from her family and friends?

Līvia: māter ēloquens
(44-86 words)

Livia is the mother of Drusilla and Sextus. She wears dresses and prepares dinner like other Roman mothers, but she has a secret—she is well-spoken, likes wearing togas, and practices public speaking just like her brother, Gaius! Can she keep this secret from her family and friends? Livia: mater eloquens includes 3 versions under one cover. The first level, (Alpha), is simpler than Agrippina: mater fortis; the second level, (Beta) is the same level, and the third, (Gamma-Delta) is more complex.

Pīsō et Syra et pōtiōnēs mysticae
(163 cognates, 7 other words)

Piso can't seem to write any poetry. He's distracted, and can't sleep. What's going on?! Is he sick?! Is it anxiety?! On Syra's advice, Piso seeks mystical remedies that have very—different— effects. Can he persevere?

Drūsilla et convīvium magārum
(58 words)

Drusilla lives next to Piso. Like many Romans, she likes to eat, especially peacocks! As the Roman army returns, she awaits a big dinner party celebrating the return of her father, Julius. One day, however, she sees a suspicious figure give something to her brother. Who was it? Is her brother in danger? Is she in danger?

Level B
Advanced Beginner

sīgna zōdiaca Vol. 1
(63 cognates, 84 other words)
sīgna zōdiaca Vol. 2
(63 cognates, 92 other words)
sīgna zōdiaca Vol. 3
(62 cognates, 93 other words)

Do you like stories about gods and monsters? Did you know that the zodiac signs are based on Greek and Roman mythology? Your zodiac sign can tell you a lot about yourself, but not everyone feels that strong connection. Are your qualities different from your sign? Are they the same? Read signa zodiaca to find out! These readers are part non-fiction, and part Classical adaptation, providing information about the zodiac signs as well as two tiered versions of associated myths.

Level C
Low Intermediate

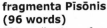

fragmenta Pīsōnis
(96 words)

This collection of poetry is inspired by scenes and characters from the Pisoverse, and features 50 new lines of poetry in dactylic hexameter, hendecasyllables, and scazon (i.e. limping iambics)! fragmenta Pīsōnis can be used as a transition to the Piso Ille Poetulus novella, or as additional reading for students comfortable with poetry having read the novella already.

Pīsō Ille Poëtulus
(108 words)

Piso is a Roman boy who wants to be a great poet like Virgil. His family, however, wants him to be a soldier like his father. Can Piso convince his family that poetry is a worthwhile profession? Features 22 original, new lines of dactylic hexameter.

Pīsō: Tiered Versions
(68-138 words)

This novella combines features of Livia: mater eloquens with the tiered versions of the Piso Ille Poetulus story taken from its Teacher's Guide and Student Workbook. There are 4 different levels under one cover, which readers choose, switching between them at any time. Piso: Tiered Versions could be used as scaffolding for reading the original novella, Piso Ille Poetulus. Alternatively, it could be read independently as a Free Voluntary Reading (FVR) option, leaving it up to the learner which level to read.

Tiberius et Gallisēna ultima
(155 words)

Tiberius is on the run. Fleeing from an attacking Germanic tribe, the soldier finds himself separated from the Roman army. Trying to escape Gaul, he gets help from an unexpected source—a magical druid priestess (a "Gaul" in his language, "Celt" in hers). With her help, can Tiberius survive the punishing landscape of Gaul with the Germanic tribe in pursuit, and make his way home to see Rufus, Piso, and Agrippina once again?

...and more!

See <u>magisterp.com</u> for the latest:

teacher's materials
other books
audio

Made in the USA
Columbia, SC
01 February 2021